AF609760

IO, L'ALTRA DONNA

ROSANNA BRANDOLESE

COLLANA IRDA

Lulu Press
3101 Hillsborough St.
Raleigh, NC 27607 | U.S.A.

ISBN: 978-1-291-83139-9
Info: www.irdaedizioni.it

Ordini:
www.amazon.com
www.amazon.it
www.lulu.com

Copertina: realizzata da Cristian Verdesca
Direttore editoriale: Francesco Luca Santo

Dedico le mie poesie ai lettori
Poesia è toccare le corde del cuore
Una buona compagnia
Un modo per sognare

Sono io... L'Altra Donna...
E non farò mai un nome

BIOGRAFIA

Brandolese Rosanna è nata a Mariano Comense, piccolo comune nel comasco il 22 06 1961:

"mio padre semplice operaio unico sostegno della famiglia; mia madre casalinga
piccola donna tuttofare. La più grande di tre figlie, lavoro da oltre 30 anni in una scuola dell'infanzia dove a regnare è l'armonia e dolci sorrisi, la mia seconda casa ormai... amo leggere ascoltare musica, nel tempo libero. Sono una persona semplice come semplici sono le cose che scrivo, le cose che vivo…
Ho iniziato da poco a scrivere, è un modo per esprimere quello che ho dentro: emozioni, paure, felicità, sogni, mettermi a confronto senza avere paura delle critiche, anzi sono quelle che aiutano a crescere… e invito tutti a farlo."

PREFAZIONE

La poesia di Rosanna Brandolese è ricca di varie sfumature, come quando ammiriamo il tramonto e il cielo gioca con i colori, creando emozioni tangibili solo per chi sa carpirne il significato e l'eterea bellezza. Allo stesso modo Rosanna crea un intreccio di emozioni con dei versi che non sono definibili casuali ma che hanno una collocazione precisa, studiata dal cuore come un esile e fragile pensiero che non vuole morire nella mente ma, al contrario, chiede di trovare vita, quella del foglio in cui si lascia cadere con la naturalezza dell'innocenza, di chi prova le gioie o i dolori che esso trasmette. Tutto è uno sfogo o ben più di uno sfogo. Un voler parlare di sé, del proprio mondo e di ciò che lo regge e a volte lo spaventa, lo scalfisce. I versi sono efficaci con parole semplici ma intense ed è questo il concetto della poesia, la semplicità che poi è figlia dell'amore e che dell'amore si nutre per dare senso a ciò che fa soffrire. Un'opera *"Io, l'altra donna"* che non è solo poesia ma è pura voglia di liberarsi dalle ferite del tempo taciute negli anni, solo per lasciar vivere un cuore ricucito ma pur sempre ferito.

Amico

Ricordo quel dì
uno sguardo un sorriso
il tuo viso

forte nella tua bellezza
forte nel tuo essere
m'innamorai di te

mille volti intorno
io cercavo te

venti di burrasca tra noi
ma anche sorrisi felici

il tempo scorre
due strade diverse
un'unica intesa
l'amicizia speciale ci lega
ed ora ti esimio mio grande amico
con il cuor in mano te lo dico…

Amore

Respiro della vita mia
ardore del mio cuore
estasi del mio corpo

acqua nell'arido deserto
rinvigorisco mi disseto
con le tue parole

gioia di vivere
forza di credere nell'amore

ti guardo

occhi sognanti
come sognano i miei
all'unisono vorrei
dedicarti i giorni miei

tremeranno le mie mani
la gola avrò secca

stringi le mie mani
il cuore parlerà

Batticuore

Nei battiti del mio cuore c'è
un battito più forte
Sei tu
tu…che mi hai preso l'anima…
tu che mi trascini via
via da questo posto
via da questa gente
siamo dentro una nuvola…
nessuno potrà dividerci
dove il nostro amore sarà di desiderio e
passione
dove i nostri corpi si incontreranno...
dove l'amore tanto atteso sarà
amore…amore vero…

Beato

Battaglio dorato
campana festosa
del villaggio è il sacrario
rioni agghindati
vanno notati
nastri e colori
tutto adornato
il Santo Patrono osannato
balconi odorosi di fiori e merletti
donne riunite…aspettano
le mani son giunte
il rosario in mano
pregano e amano
contrade affollate
bancarelle zuccherate
orsù tutto apparecchiato
per il bea

Cecità

E poi…il nulla…il niente…il silenzio
odio il silenzio
il silenzio fa troppo rumore
un rumore assordante
sono avvolta dalla nebbia…
non vedo…non riesco a sentire
tutto intorno a me ha l'odore della nebbia
nebbia che sa di grigio.
Cerco in uno spiraglio di luce un po' di
melodia
ma non riesco a vedere la mente è
offuscata
non riesco a sentire c'è troppo silenzio…
e nel silenzio ripongo l'essenza di te

Con franchezza…

Quanta passione
quanto ardore

belle frasi d'amore
nei versi di un cantore
carisma fascino magia
chimere fantasia
è innato nel trovatore

chi leggendo un sentimento
non ha mai dedicato
una sola menzione
al proprio adorato

ma quante ne sa un poeta?

Quanti misteri celati tra le righe
e di arcani confessati…
ma io stasera
non desidero parlare col poeta…
ma con l'uomo

Desio

Folta la selva
dolce riverbero stamane
risveglia il creato

fragranze odorose di pini
sambuchi in fiore

nascosta da una sottile fronda
bagnata da rugiada d'argento
nasco selvaggia

screziati vellutati petali
aspettano di essere sfogliati

profumo ardente
vogliosa di nettare
elisir d'amore
ammaliatrice
sarò per te

Desolazione

Ci siamo amati a lungo
amati dentro
amati con gli occhi

su di noi né ombre
né sfumature
il cielo quieto roseo
sincero

il tuo ardore messo in prosa
incorniciato su una tela rosa
appeso al muro
da ammirare sospirare

ora impolverato
nello stipetto ingiallito

come il nostro amore
finito sconsolato menzognero
tu sovrano io servente
mi hai tolto il sorriso
e non ho più niente

…Dolore

Riaffiorano alla mente
tracce del passato

pesante reminiscenza…

meningi che premono
dolore sofferenza
di questo mi hai sfamato

il cuore ho affranto
da tanta disperazione
un figlio da nutrire
quasi smarrito…
lo voglio domare

inciampo cado
sempre risorgo
sono una madre
l'audacia non manca
lotterò in eterno per lui
fino all'ultimo anelito di vita

Effimero

Tremola fiammella
di un cero consumato
fievole la luce
non illumina la stanza

non scalda con poco calore
questo cuore
sottile filo di fumo
mi tiene legata

cerea nuvoletta
si dissolve nell'aria

evanescente alone
delicato di sogno…
svanito…

una cena fredda
da gettare al vento

scivolano le ore
dico basta
tempo scaduto…

Emozione

ricordo quel dì…
mi parlasti d'amor.
.
Ammutolita stupita
rimasi a sentir...

di come l'amor
ha mille color...

un pennello sottile
con tratti leggeri

ridisegni i confini
pennellate più ampie

con pochi colori
mischiati tra loro

poi anche deviarli
molte sfumature

molte velature
dan forma ai sensi.

ti mordi le labbra
sei rossa nel viso…

ed ora a finire
dai provaci tu…

Fatica

Mani incallite
Mani che bruciano
Mani che tremano…
Un uomo…la sua terra
Le rughe…la tua età
Sul volto porti i segni della fatica
Il tuo passo ormai è stanco
Il tuo respiro lento
È ora di riposare…
Ama la tua terra uomo…
Amala come se fosse una donna
Perché è di essa la nostra vita

Felice pensier

Mi desta dal sonno un felice pensier…
sulle labbra un sorriso…
sei dentro di me…
vorrei non destarmi…
ma la mente non sente…
la voglia...mi assale…
la pelle ancor calda
la mano si muove…
è in cerca di te…
sarai la mia onda
sulla quale cavalcare…
spingendomi oltre per poi ritornare
a provare di nuovo ad immaginare
l'amore…l'amore con te…

Garbugli

(Garbuglio)

Un amore difficile
alti e bassi

sei nelle stelle
sei un abisso profondo

un groviglio di
parole dette

frasi sussurrate
di sguardi provocati

una matassa da sbrogliare
intrinseco di nodi

ma attratti come calamite
legati da qualcosa che non so…

un filo sottile
difficile da spezzare

un amore difficile
ma indissolubile per noi

Idilliaco

Guardo le tue mani…
delicate come velluto

affusolate le dita

sinuosamente scorrono
scivolano leggere
sulla tastiera del pianoforte

tocco quasi impalpabile

dolci melodie note flautate

armonia del mio corpo
che leggiadro si muove

il cuore si libera
è pace dell'anima

avvenenti note idilliache
si spandono nell'aria

che armoniosamente
catturi nel tuo spartito

il pianista sei tu…
componi…
ancora…
per me

Impeto

Profondo tormento
cresce dal mio ardire
vulcano in eruzione
magma incandescente
dentro di me
da tempo dormiente
ora son desto
son tutto un borboglio
è giunto il momento
desioso di te
smanioso ti prendo
di lava ti inondo
lasciando l'impronta
di fuoco e passione

Inconfessabile

Celato nel mio cuore
dolcissimo segreto...sei
serrato per non farti volare via

mai nessuno saprà ciò che siamo

della passione che ci lega
di corpi vogliosi
carezze vellutate
arditi desideri
labbra eccitate

nessuno saprà mai
tengo stretto il mio arcano

mi manchi…
ti cerco nel mio cuore
sento la tua voce
senza dire parole
mi illumini al buio

ma oggi niente risate
assaggio le lacrime…

Innamorata

Non sono né poetessa né scrittrice
E scrivo quel che il cuor mi dice…

Prendo carta e penna e scrivo...
voglio rendere indelebile ciò che dico

Temo che le parole se le porti il vento
che qualche mano possa prenderle…
Chissà in che altro cuore finirà

Scrivo di me le mie giornate
Scrivo di te di come mi manchi

Ritrovo il sorriso quando ti penso
Ricordo la tua risata quando ti sentivo

E scrivo…e scrivo
Scrivo che ti amo...
Ormai l'ho scritto

La muta

Appesa ad un ramo di gelso
attendo cambiamento...
avvolta da un filo sottile
legata dalla testa ai piè
attendo mutamento…
mi sento stretta.
La saliva mi scorre…
voglio spiegazzare le mie ali
stirarle nel vento
avrò ali di seta luccicanti e immense
volerò su quel giardino
coglierò colori…coglierò i profumi
assaggerò i sapori
e lascerò l’essenza di me….

Io, L'ALTRA donna

Quella che si accontenta
di poco amore
briciole

di quando puoi
inventare una scusa
quella che ti ama di più

quella che desideri
avere accanto
che hai sempre cercato
e moriresti per lei

quella che non si rassegna
io… L'ALTRA donna

Madre

Mi hai donato la vita…
madre…
dietro le ciglia mi hai regalato sorrisi
parole di zucchero dalla tua bocca
mi sono nutrita dai tuoi seni
ascoltando battere il tuo cuore
ho giocato con te
e solo ora ti guardo con occhi diversi…
hai fili d'argento nei capelli
porti segni d'ombra sul viso…
hai sempre combattuto…
parole gentili per tutti...
le avversità della vita ti hanno resa forte…
ed io…
riuscirò mai ad essere come te…madre…
adesso ho paura…
paura di perderti…
paura di non essere come te…

Malasorte

Nomade in questa terra
stanco del lungo girovagare
su di un grosso ceppo
poggio le terga

cercavo buona sorte
trovavo sventura

cercavo l'umiltà
trovavo animi altezzosi

cercavo l'amore
non mi fu negato
se non malamente pagato

cercavo un sorriso
trovavo malumore

ed ora remo e stanco
mi genufletto davanti a te
Mio Signore
perché nel tuo cuore
troverò pace sorrisi amore

Malata

Ignara inconsapevole
ti portavo dentro di me
compagna di vita mai accettata
perché hai scelto me
ed ora una cosa ti chiedo
non farmi soffrire
perché deturparmi
perché storpiarmi…
non sarò inerme di fronte a te
fino alla fine io lotterò

Maliarda

Intrigante il mio richiamo
infatuato inebriato
impazzito d’amore
approdi sul mio scoglio

tu conosci l’ardore
mio dolce pescatore

squame di cristallo
perle coralli
sfoggerò per te

infondimi pensieri profondi
con impeto travolgimi
dammi nuova linfa
di una vita infinita

giurami eterno amore
o non vedrai la luce del sole

Odalisca

Tolgo il velo dalla mia anima
lo cingo attorno ai fianchi
e come un'odalisca
danzerò per te

fascino armonia
sensualità

ancheggia il ventre
con far suadente…

risveglierò i tuoi sensi
con dolci tintinnii
dei miei pendagli

profumo d'oriente
magia che si sprigiona
per noi…

Per Amore

Al crepuscolo
mi manchi

cuore intrepido
aspetta foriero

troppo tempo è passato
oblio…
tristezza
malinconia

invano aver amato
invano aver creduto
promesse
menzogne

mi stringo nello scialle
ma un gelo mi avvolge
lacrime fredde
sapore amaro

non vedo barlume
nemmeno chiarore

ma è forte l'ardore
e lui non vuole morire

Il primo amore non si scorda mai

All'alba mi hai colto
ero un fiore appena sbocciato
niveo giglio di fresco mattino

incantato da tanta bellezza
aulente profumato
di me innamorato

mi perdevo in quei occhi
di un azzurro celestiale
insieme a te parea volare

ci siamo amati tra le valli
i nostri gemiti sussurrati
come echi su nei monti
folli innamorati

ma fatale un giorno per frainteso
con la mano mi hai colpito
il mio cuore spaventato tra i rovi hai
gettato
sanguinato
dilaniato…
te ne sei andato…

un pezzo per volta
l'ho cucito
ora sembra nuovo
ma è solo apparenza

Ricordo

Risate di bimbi che giocano gioiosi…
rimembro la mia fanciullezza

di quando felice correvo nei prati…
odore di fiori selvaggi nell'aria

il fieno ad asciugare…
né dolore ne stanchezza sentivo

non conoscevo la sofferenza del cuore…
di quanto fa male…
non poter amare

Stellina

Piccolo puntino nell'universo stellato
ma brillo più di un astro argentato

mi hai guardato
ti ho seguito

saprò darti parole d'amore
gioiranno nel tuo cuore

aliti di vento leggero
spingerò sul tuo viso sincero

dormirò nei tuoi sogni
cullerò i tuoi sorrisi

sarò nel rosa del tramonto
goccia di rugiada di fresco mattino

all'imbrunire tornerò lassù e tu…
tornerai con il naso all'insù

Melodia

Sul pentagramma dell'amore
Scriverò rime di te

chiederò l'aiuto al musicista
mi darà la giusta nota

chiederò l'aiuto ad uno scrittore
mi darà le giuste parole

chiederò l'aiuto di un pittore
gli darà un tocco di colore

aspetterò che si alzi il vento
per farle arrivare da te

mio dolce tormento…

Tedio

Giorni che scorrono lenti
imprigionata dalla mia tristezza

non riesco a scrivere…
non trovo le parole...

stille che scorrono
mi rigano le gote

orizzonte lontano
non vedo la luce

fiori appassiti
una strada lontana
mi separa da te

Timidezza

Se mi guardi così…
abbasso gli occhi…
arrossisco un po'…
l'emozione traspare
non puoi non sentirla
non puoi non vederla…
mani ansiose…
mani che tremano
intenso è il momento
un bacio sfiorato
sul ventre adagiato
i sensi inebriati
d'intenso piacer…

Tracce

Laverò via le tracce su di te
Di un amore stanco e mal vissuto…
Scioglierò le tue catene
Ti costruirò ali nuove
Ti vestirò di una nuova pelle
Ti donerò una nuova vita…nuova luce
Di un amore libero e pulito…

Una sera al mare

Coricata sull'arenile
voglio stare senza pensare
…sola…
con il rumore del mare...
in continuo movimento
non ti stanchi di mormorare…
mi bisbigli aria dolce salata
le onde bianche increspate
si rompono sulla scogliera
la salsedine l'odore del mare
accarezzami la pelle madida
oh brezza leggera...
vorrei stare senza pensare
ma la mente non ascolta
e ti viene a cercare…
un continuo dimenar di pensieri
non mi quieta
tutto intorno mi parla di te
con chi me la prendo stasera!
ti urlo il suo nome mare
e digli…
che senza di lui non so stare...

Veglia

Tra le tue braccia amore
vorrei stare
quando il tormento di notte
mi assale
con mani calde mi accarezzi
dolcemente il viso
i capelli
trepida la pelle
la testa china sul tuo petto amore
ascolto il battito del tuo cuore
baciare le tue labbra
sentire la passione
rubarti un pezzetto d'anima
perché di te non ho nulla amore
tra le ciglia sorrido
il respiro sul mio viso
assopita placata
la pace è arrivata

C'è aria di festa nella vigna…
grappoli citrigni e tronfi...acini gonfi
profumi colori...la musica della vendemmia
è nell'aria

bella contadinella che per quel sentiero vai
con l'amore nel cuor e la nostalgia negli
occhi…
ti manca il tuo amor che per man vorresti
tener…

la ciocca ribelle nasconde i tuoi occhi neri
e belli
un pampino maldestro ti cinge dolcemente
la mantella

ti prendon per man e tra danze musiche e
cor
dalla fronte il sudor e una lacrima ancor…

grappoli fragorosi tini colmi…
il sole rosso sta tingendo il cielo…
e ripercorri il sentiero...ma una luce
rinviene
il tuo amor è tornato…non hai invano
amato
e la festa continua…ricordando il giorno
della vigna

Vita

Acqua cristallina
trasparente luminosa lucente

zampilli da sorgente
fresca ridolina

mi ristori dall'arsura
ritempri la vita

acquerugiola
ridoni il sorriso alla natura
rinvigorisci fiori appassiti
arbusti secchi intristiti

specchio d'acqua
per gli animaletti

acqua senza di te
la terra
solitaria desolata

Vivere a colori

Una tavolozza piena di colori
colorerò la mia stanza di emozioni

celeste un cielo sereno
azzurro come un angelo
un sogno…
tu…

bianco di giglio niveo fresco
zucchero a velo leggero
perla rara…
tu…
giallo come il sole splendente
foglie che cadono lente
gelosia…
tu…

rosso come l'ira quando smentisci
una bugia
rosso passione baci che mi davi
ardore…
tu…

verde come uno smeraldo
fortuna
speranza di ritrovarti ancora…
Tu…

Vorrei…

Vorrei essere pioggia
per dissetare la tua terra arida e secca
vorrei essere il sole
per scaldarti quando il gelo è sovrano

Finito di stampare
Nel mese di aprile 2014

Lulu Press
3101 Hillsborough St.
Raleigh, NC 27607 | U.S.A

www.ingramcontent.com/pod-product-compliance
Ingram Content Group UK Ltd.
Pitfield, Milton Keynes, MK11 3LW, UK
UKHW020230250726
13967UKWH00001B/288

9 781291 831399